19 mai 1912

Collection Lluch

TABLEAUX ANCIENS

ET

MODERNES

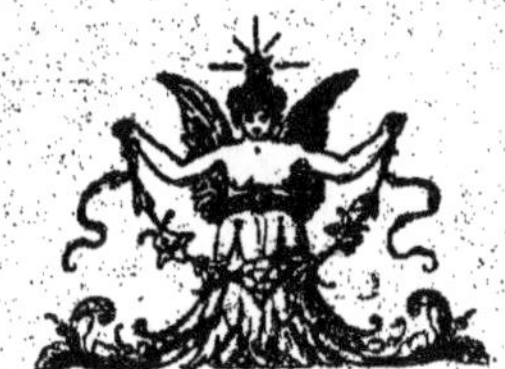

IMPRIMERIE
C. CHAUFOUR
6-8, RUE MILTON
PARIS

CATALOGUE

DES

TABLEAUX ANCIENS

ET

MODERNES

Formant la Collection de

Monsieur Joseph G. Lluch

DONT LA VENTE AURA LIEU

A NEUILLY-sur-SEINE, 27, Rue Montrosier

Le Dimanche 19 Mai 1912

A DEUX HEURES

PAR LE MINISTÈRE DE Mᵉ EDOUARD BERNHEIM, GREFFIER

ASSISTÉ DE

M. GUSTAVE LEGAY, EXPERT, 57, Rue Condorcet à Paris

EXPOSITION

Les Vendredi 17 et Samedi 18 Mai 1912

LE MATIN DE 10 HEURES A MIDI ET LE SOIR DE 2 HEURES A 4 HEURES

CONDITIONS DE LA VENTE

Elle sera faite au comptant.

Les adjudicataires paieront *dix pour cent* en sus des enchères.

COLLECTION LLUCH

DÉSIGNATION

LUCAS

(Eugène)

1 — *Intérieur d'Église avec femmes.*

Sépia rehaussée de blanc.

Haut. : 0m29 ; Larg. : 0m22.

SALVATOR ROSA

2 — *L'Adoration des Mages.*

Cuivre. Haut. : 0m30 ; Larg. : 0m44.

GOYA

(École de)

3 — *Portrait d'un ministre.*

Toile. Haut. : 0m66 ; Larg. : 0m[illegible].

ÉCOLE ESPAGNOLE

(XVIIe siècle)

4 — *Les Vœux de Saint Dominique.*

Cuivre. Haut. : 0m40 ; Larg. : 0m32.

ZURBARAN

(Attribué à)

5 — *Vierge en prière.*

Cadre bois sculpté.

Toile. Haut. : 0m75 ; Larg. : 0m58.

VAN DER NEER

(Attribué à)

6 — *Port de mer.*

Entouré de forts et de ruines, plusieurs vaisseaux et personnages.

Effet de lune.

Cuivre. Haut. : 0m28 ; Larg. : 0m42.

ÉCOLE FRANÇAISE

(XVIIIe siècle)

7 — *Buste de jeune femme.*

Pastel. Haut. : 0m55; Larg. : 0m41.

ÉCOLE ANGLAISE

(1824)

8 — *Portrait d'une dame de qualité.*

Assise, habillée en costume rouge orné de dentelles, et parée de bijoux.

Cadre bois sculpté.

Toile. Haut. : 0m77 ; Larg. : 0m63.

VAN DYCK

(École de)

9 — *Charles Ier d'Angleterre et sa famille.*

Cadre bois sculpté.

Toile. Haut. : 1m20 ; Larg. : 1m50.

ZAMPIERI (Dom.)

(Dit le Dominicain)

10 — *Saint Jean Evangéliste.*

Toile. Haut. : 1m05 ; Larg. : 0m87.

GARNIER

(Michel)

11 — *L'Amoureux timide.*

Un jeune homme entraîné par un ami, chercher à pénétrer chez la femme qu'il adore, mais reste timidement surpris devant la jeune femme.

Toile. Haut. : 0m40 ; Larg. : 0m29.

VAN DE VELDE

(Attribué à)

12 — *Marine.*

Vaisseaux de guerre anglais dans la mer du Nord.

Toile. Haut. : 0m54; Larg. : 0m69.

RIBERA

(Attribué à)

13 — *Saint Pierre en extase.*

Toile. Haut. : 1m20 ; Larg. : 0m96.

LEPRINCE

(Attribué à)

14 — *Allégorie de l'Europe.*

Toile. Haut. : 0m64; Larg. : 0m76.

POUSSIN

(Nicolas)

15 — *Bacchanale.*

Toile. Haut. : 0m71 ; Larg. : 0m62.

LAWRENCE

(Attribué à)

16 — *Portrait du prince Georges de Galles.*

En riche costume de cour.

Toile ovale. Haut. : 0m74; Larg. : 0m61.

GOYA

(Attribué à)

17 — *Un Exorcisme.*

Un évêque, suivi d'un moine, fait les prières et donne la bénédiction à quatre fanatiques endiablés, dont trois sortent des tonneaux. Au fond, un autre évêque accompagné d'un personnage, est assis devant une table.

Toile. Haut. : 0m33; Larg. : 0m47.

GIBERT
(1848)
(Grand Prix de Rome)

18 — *Attaque et prise de l'Hôtel de Ville.*

Un révolutionnaire blessé, debout sur une barricade, tient d'une main le drapeau tricolore, de l'autre un fusil.

Toile. Haut. : 1m40; Larg. : 0m97.

VAN FRANKEN

19 — *Scène de patinage.*

Signé à gauche.

Cuivre. Haut. : 0m45; Larg. : 0m61.

WOUWERMANS
(École de Philippe)

20 — *Chasseurs et Rabatteurs traversant un gué.*

Toile. Haut. : 0m44; Larg. : 0m62.

RUSSELL
(École Anglaise)

21 — *Portrait ovale d'enfant.*

En costume rouge à trois rangs de boutons d'argent, large col blanc, il tient son chapeau rempli de fruits.

Toile. Haut. : 0m51 ; Larg. : 0m41.

HUBERT-ROBERT

22 — *Incendie d'un port de mer.* (Effet de nuit).

A côté d'une falaise rocheuse, une forteresse, entrée de la ville, donne sortie aux nombreux rescapés du sinistre.

Une barque cherche à prêter son concours au sauvetage, tandis que sur la rive, au premier plan, trois hommes et une femme sont affolés devant le désastre.

Toile. Haut. : 0m44; Larg. : 0m73.

HONTHORST
(G. de)

23 — *Jeune homme jouant le tambourin.*

Toile. Haut. : 0m57; Larg. : 0m47.

ÉCOLE HOLLANDAISE
(XVIIe siècle)

24 — *Mascarade aux environs d'une grande ville.*

Toile. Haut. : 0m51; Larg. : 0m84.

BERGHEM
(Attribué à N.)

25 — *Rencontre de cavaliers.*

Dans un paysage montagneux, des bergers entourés de bétail, sont interrogés par des voyageurs à cheval, sur la route à suivre.

Toile. Haut. : 0m74; Larg. : 0m90.

TILBORGH
(Gillis)

26 — *Retour de la chasse.*

Dans un beau paysage, près d'une colonnade en ruines, et au pied d'une fontaine, se tient assise la châtelaine, qui reçoit le grand seigneur son époux, qui lui présente le gibier obtenu.

Plusieurs personnes et chiens autour de ces deux personnages.

Toile. **Haut.** : 0m61; **Larg.** : 0m72.

CUYP
(Attribué à A.)

27 — *Le Retour du marché.*

Des paysans suivent leurs charrettes attelées, se dirigeant vers le marché.

Toile. **Haut.** : 0m56; **Larg.** : 0m45.

HONDECOETER
(Melchior de)

28 — *Basse-cour dans un parc.*

Toile. **Haut.** : 0m62; **Larg.** : 0m76.

METZU
(Attribué à)

29 — *La Propagande Calviniste.*

Dans un intérieur rempli de fidèles du Calvinisme, un propagandiste prêche les excellences de la réforme.

Panneau. Haut. : 0m30; **Larg.** : 0m25.

VAN DER MEULEN
(Frans)

30 — *État-major aux environs d'une ville flamande.*

Un général à cheval entouré d'officiers, donne des ordres du haut d'une colline.

Au fond, un superbe paysage et la vue d'une ville au dernier plan.

Toile. Haut. : 0m70; Larg. : 1m03.

ÉCOLE HOLLANDAISE
(XVIIe siècle)

31 — *Portrait d'une chanoinesse.*

Toile. Haut. : 0m65; Larg. : 0m55.

FRANZ HALS
(École de)

32 — *Le Joyeux buveur.*

Panneau. Haut. : 0m22; Larg. : 0m16.

FRANZ HALS
(École de)

33 — *Portrait d'homme.*

Coiffé d'un grand chapeau, habillé d'une large collerette.

Toile. Haut. : 0m33; Larg. : 0m29.

TÉNIERS
(Attribué à David)

34 — *Portrait de jeune homme.*

Panneau. Haut. : 0m22 ; Larg. : 0m18.

HEEM
(Jean-David de)

35 — *Nature morte.*

Langoustes, truites et autres poissons et crustacés.
Cadre bois sculpté.

Toile. Haut. : 0m63 ; Larg. : 0m75.

BEUKELAER
(1535-1575)

36 — *Les Changeurs.*

Deux changeurs autour d'une table recouverte d'un tapis rouge pèsent des pièces d'or.

Toile. Haut. : 0m85 ; Larg. : 1m12.

NATOIRE
(Charles-Joseph)

37 — *Diane et Calisto.*

Jupiter transformé en Diane caresse Calisto; à droite, au second plan, des petits amours.

Toile de forme ovale. Haut. : 0m98 ; Larg. : 1m28.

TOURNIÈRES

(Attribué à Robert)

38 — *Le Message de David.*

Bethsabée sortant du bain est surprise par un esclave nègre qui lui apporte un message de David, qui à son tour, regarde du haut de son palais. La scène a lieu dans un parc merveilleux.

Toile. Haut. : 1m22 ; Larg. : 1m.

LEBRUN

(Alexandre)

39 — *Le Butin du vainqueur.*

Dans un salon somptueux d'un palais grec, le vainqueur debout avec son lieutenant, présente les joyaux et les armes prises à l'ennemi, aux dames du Palais. Quatre femmes debout admirent avec curiosité la richesse du butin.

Toile. Haut. : 1m40 ; Larg. : 1m80.

ALBANO

(Ecole de Francesco)

40 — *La Glorification de l'amour.*

De nombreux petits amours conduits par deux femmes, manifestent joyeusement sous une pluie de fleurs devant une statue qui représente la Déesse de l'Amour.

Toile. Haut. : 1m78 ; Larg. : 1m90.

COYPEL
(Antoine)

41 — *Hercule et Omphale.*

Assise et tenant d'une main la massue d'Hercule, elle écoute les harmonies de la cithare que le colosse est en train de jouer.

Des petits amours font concert avec des instruments divers ; d'autres amours viennent couronner de fleurs la belle reine de Lydie, tandis que Cupidon apparaît armé de sa flèche et de son arc.

Toile. Haut. : 0m77 ; Larg. : 1m20.

DROUAIS

42 — *Portrait de Mlle Gaussin (Jeanne-Catherine).*

Célèbre cantatrice de la Comédie-Française. Née en 1731, décédée en 1762.

Elle est vêtue d'une robe de soie claire à rayures mauves, tenant dans sa main droite un papier de musique dont elle est en train de chanter la chanson manuscrite.

Toile. Haut. : 0m66 ; Larg. : 0m56.

FRAGONARD
(Jean-Honoré)

43 — *Deux amours dans un fond de nuages, l'un drapé de bleu, l'autre drapé de rose, tiennent chacun un pigeon qui vient de sortir d'une cage.*

Toile. Haut. : 0m60 ; Larg. : 0m30.

VAN LOO
(Louis-Michel)

44 — *Portrait de Louis XV.*

A peine âgé de dix-huit ans, en riche armure garnie d'or, décoré du ruban bleu ; les cheveux poudrés.

Toile. Haut. : 0m65 ; Larg. : 0m50.

HUBERT-ROBERT
(Attribué à)

45 - *Paysage.*

A l'entrée d'une grotte et au bord d'un ruisseau sous un arc en ruines, un homme et une femme pêchent à la ligne. Au fond, la vue d'un village sur une large rivière. Figures et troupeau de moutons.

Toile. Haut. : 0m60 ; Larg. : 0m42.

CLAUDE GELLÉ
(dit le Lorrain)

46 — *Port de mer d'Italie.*

Avec édifices et plusieurs navires : au premier plan le quai et nombreux personnages.

Toile. Haut. : 1m05 ; Larg. : 1m46.

PERRONNEAU
(Attribué à Jean-Baptiste)

47 — *Portrait de jeune fille.*

Habillée en costume décolleté bleu avec dentelles, un ruban bleu au cou, elle tient entre ses mains un beau chat gris.

Pastel. Haut. : 0m53 ; Larg. : 0m65.

CHARDIN
(Attribué à)

48 — *Les Soins de bébé.*

Dans une cuisine de ferme, la jeune mère fait la toilette du bébé, entourée auprès du foyer, de son époux, la vieille mère et la sœur.

Toile. Haut. : 0m82 ; Larg. : 0m65.

MAZO
(Juan-Bautista del)

49 — *Portrait.*

Une dame de qualité en costume noir garni de riches dentelles et de rubans, offre une fleur et caresse la tête de sa charmante fillette, richement habillée comme la mère.

Toile. Haut. : 1m24 ; Larg. : 0m95.

VÉLAZQUEZ

(Première époque dite de Séville)

50 — *La Diseuse de bonne aventure.*

Une jeune gitane de Séville, après avoir prédit l'avenir d'un jeune homme, caresse sa figure au moment où il s'apprête à sortir la monnaie pour payer la gitane. Derrière l'homme, une autre vieille gitane fait signe du doigt à l'insu du client.

Toile. Haut. : 0m98 ; Larg. : 1m54.

BOL

(Ferdinand)

51 — *Portrait d'un Rabin.*

Coiffé d'un chapeau noir, il appuie sa tête sur sa main gauche tandis qu'il tient dans sa main droite un parchemin manuscrit.

Ce tableau fut longtemps attribué à Rembrandt, mais d'après l'opinion de l'éminent professeur Bode, cette toile fut peinte par Bol.

Haut. : 0m63 ; Larg. : 0m51.

VAN DYCK

52 — *Portrait d'homme.*

Habillé de noir avec large col de batiste. Coiffé de longs cheveux.

Signé d'un monogramme à droite.

Toile. Haut. : 0m67 ; Larg : 0m50.

TIZIANO VECELLO
(dit le Titien)

53 — *Portrait du Pape Pie V.*

Toile. Haut. : 0m72 ; Larg. : 0m60.

WOUVERMANS

54 — *Une Avant-Garde.*

Trois mousquetaires à cheval sur une colline, observant les mouvements de l'ennemi. Au fond de la fumée enveloppe quelques soldats et un canon.

Toile. Haut. : 0m31 ; Larg. : 0m26.

CORREGIO
(Attribué à)

55 — *Vierge tenant l'Enfant-Jésus dans ses bras.*

Toile. Haut. : 0m91 ; Larg. : 0m71.

TITIEN
(Attribué au)

56 — *Timocles devant Alexandre.*

Le roi est entouré de sa suite sur le trône à gauche.

Toile. Haut. : 1m05 ; Larg. 1m77.

GUIDO RENI

57 — *La Sainte-Famille.*

La Vierge tient dans ses bras l'Enfant-Jésus endormi; derrière saint Joseph.

Toile. Haut. : 0m63; Larg. : 0m51.

RAEBURN
(Sir H.)

58 — *Portrait d'un gentilhomme en habit bleu orné de dentelles tenant son chapeau à la main.*

Cadre bois sculpté.

Toile. Haut. : 0m77; Larg. : 0m64.

MOUCHERON

59 — *Paysage rocheux avec cascade.*

Dans le haut, une ville antique. En bas, au premier plan, trois femmes au bord de l'eau.

Toile. Haut. : 0m64; Larg. : 0m76.

D'HONDECOETER
(Melchior)

60 — *Pintades, pigeons, perroquets et autres oiseaux autour d'un aigle qui les contemple du haut d'un arbre.*

Toile. Haut. : 1m50; Larg. : 1m53.

VERNET

(Ecole de C.-Joseph)

61 — *Grand paysage animé de figures.*

62 — *Grand paysage animé avec pont et rivière.*

63 — *Grand paysage avec vieux château.*

Trois toiles décoratives. Haut. : 1m80; Larg. : 2m30.

BEECHEY

64 — *Georges III d'Angleterre, entouré de son état-major, dirige à cheval les manœuvres de l'armée.*

Gravure du tableau par J. Ward.

Toile. Haut. : 1m30; Larg. : 1m55.

GOYA

(Francisco de)

65 — *Portrait de Bustamante y Carmona, conseiller de Castille.*

Toile. Haut. : 0m56; Larg. : 0m45.

POTTER

(Ecole de)

66 — *Berger et troupeau de vaches.*

Un berger surveille à la fois ses vaches et le sommeil d'un enfant endormi sur le tronc d'un arbre.

Toile. Haut. : 0m35 ; Larg. : 0m55.

VAN LINT

67 — *Un Philosophe.*

De front, il tient de ses deux mains un livre ouvert.

Toile. Haut. : 0m72 ; Larg. : 0m58.

RUYSDAEL
(Attribué à S.)

68 — *Paysage très boisé.*

La tempête commence, secouant les arbres aux bords d'un ruisseau qui forme cascade au premier plan.

Toile, Haut. : 0m63; Larg. : 0m52.

VELAZQUEZ
(Attribué à)

69 — *Portrait d'homme.*

Toile. Haut. : 0m51; Larg. : 0m39.

SALVATOR ROSA
(1615-1673)

70 — *Berger et son troupeau, précédé d'une femme à cheval.*

Cadre sculpté.

Toile. Haut. : 0m73; Larg. : 1m02.

MAES

(Attribué à N.)

71 — *Femme assise en train de filer; un rouet et un chien à ses pieds.*

Toile. Haut. : 0m47; Larg. : 0m31.

MURILLO

(Attribué à)

72 — *La Conception.*

Cadre bois sculpté.

Toile. Haut. : 1m02; Larg. : 0m16.

GOYA

(Attribué à)

73 — *Campagnard.*

Il est en train de priser du tabac d'une boite qu'il tient entre ses mains.

Fragment de carton de tapisserie.

Toile. Haut. : 0m49; Larg. : 0m37.

RICO

(Martin)

74 — *Environs de Séville.*

Dans un charmant jardin d'orangers, sous un palmier et au bas d'un étang, sont assises deux femmes.

Toile. Haut. : 0m33; Larg. : 0m51.

ISABEY

(Eugène)

75 — *La Communion.*

Intérieur d'église avec nombreuses figures.
Signé à gauche.

Panneau. Haut. : 0m33; Larg. : 0m26.

DECAMPS

(Alexandre-Gabriel)

76 — *Réunion d'Arabes.*

Cinq Arabes assis par terre tiennent un conciliabule.

Toile. Haut. : 0m22; Larg. : 0m32.

DELACROIX

(Attribué à Eugène)

77 — *Etude de lion.*

Le fauve est menaçant, la bouche ouverte, il tient dans ses griffes une proie. (Non fini.)

Toile. Haut. : 0m58 ; Larg. : 0m87.

CHARLET

78 — *Le Haleur.*

Panneau. Haut : 0m41 ; Larg. : 0m23.

DAUBIGNY

(Attribué à)

79 — *Etude de veaux à l'abreuvoir.*

Panneau. Haut. : 0m20 ; Larg. : 0m32.

FRANÇAIS
(François-Louis)

80 — *Paysage boisé.*

Plusieurs baigneuses dans une rivière.

Panneau. Haut. : $0^{m}22$; Larg : $0^{m}31$.

TROYON
(Attribué à)

81 — *Etude de vaches.*

Toile sur panneau. Haut. : $0^{m}13$; Larg. : $0^{m}17$.

GÉRICAULT
(J.-L.-A.-Th.)

82 — *La Folie.*

Très importante étude d'homme nu.

Toile. Haut. : $1^{m}00$; Larg. : $0^{m}80$.

HERVIER

83 — *Paysage.*

Coucher de soleil.

Panneau. Haut. : 0m20 ; Larg. : 0m25.

MARILHAT

84 — *Paysage.*

Vue d'une plaine des Ardennes.

Signé à gauche.

Panneau. Haut. : 0m29 ; Larg. : 0m43.

CHINTREUIL

85 — *Paysage.*

Bords d'un étang avec barque.

Toile. Haut. : 0m26 ; Larg. : 0m40.

ROUART
(Henri)

86 — *Paysage.*

87 — *Paysage.*

Toiles. Haut. : 0m41 ; Larg. : 0m33.

DIVERS

88 — *Sous ce numéro seront vendus quelques tableaux non catalogués*

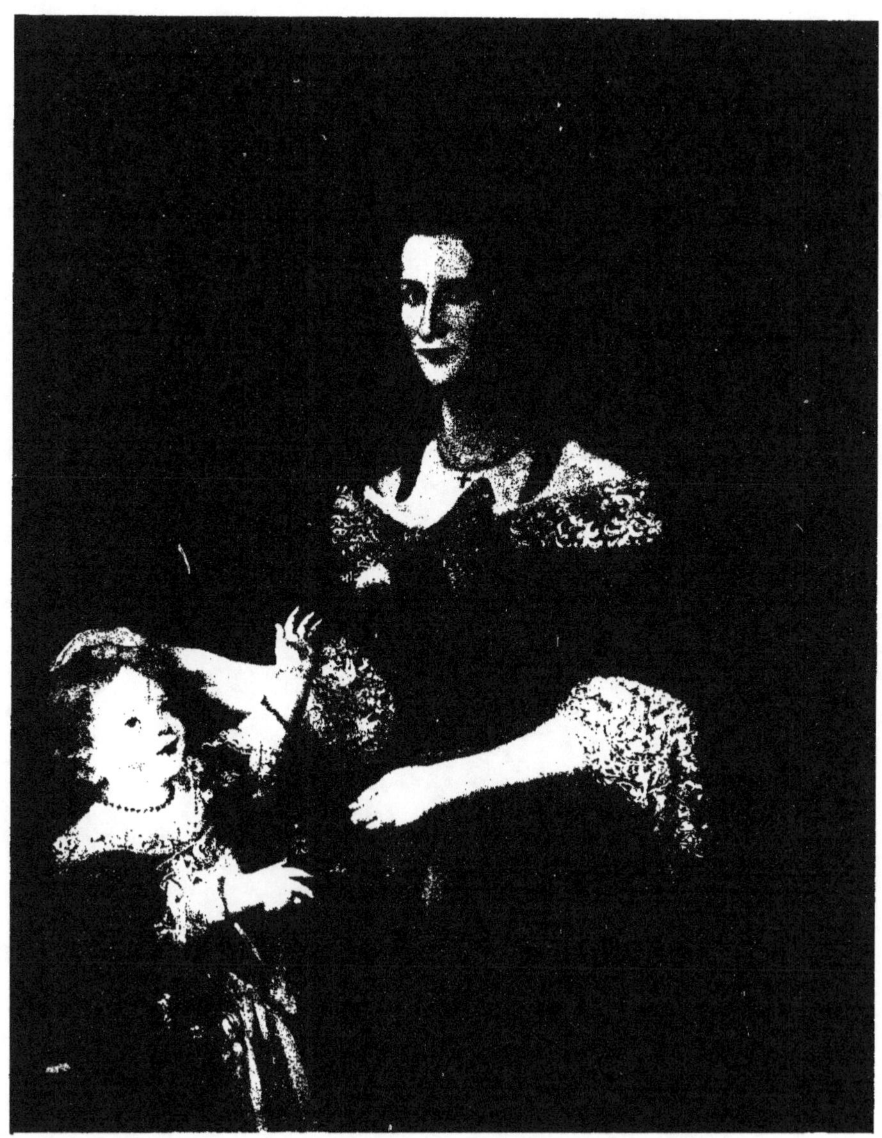

N° 49

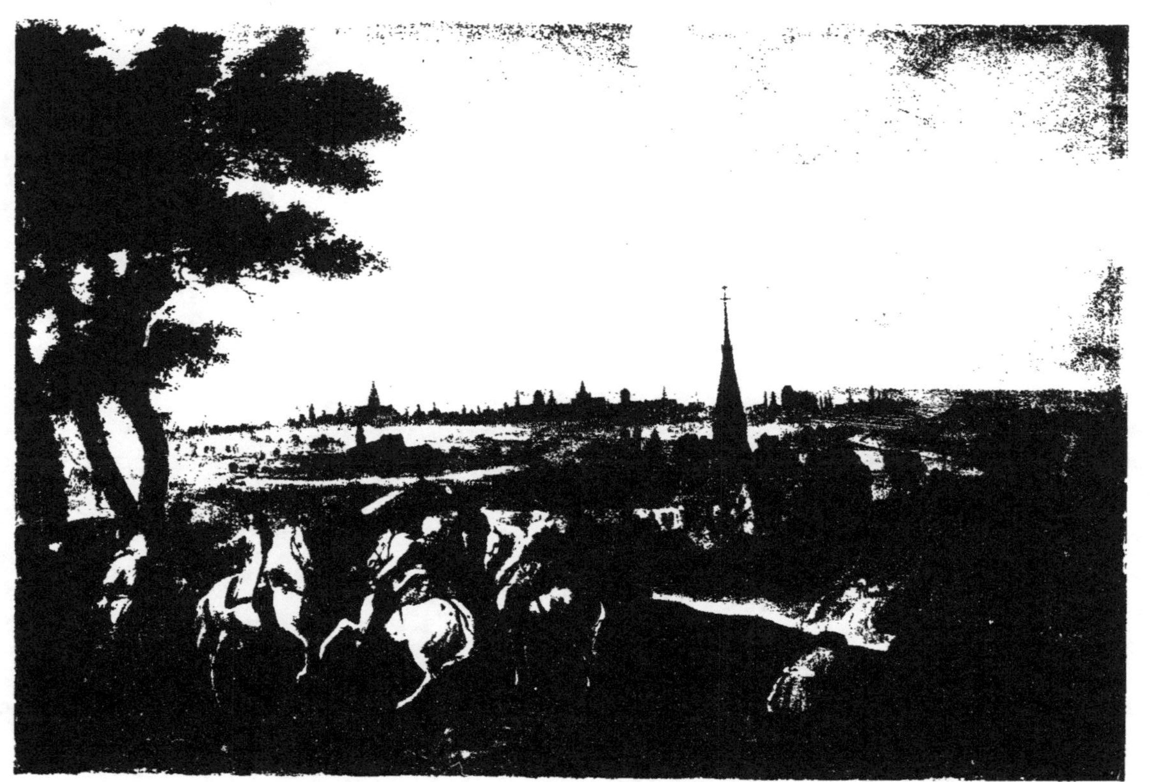

N° 30

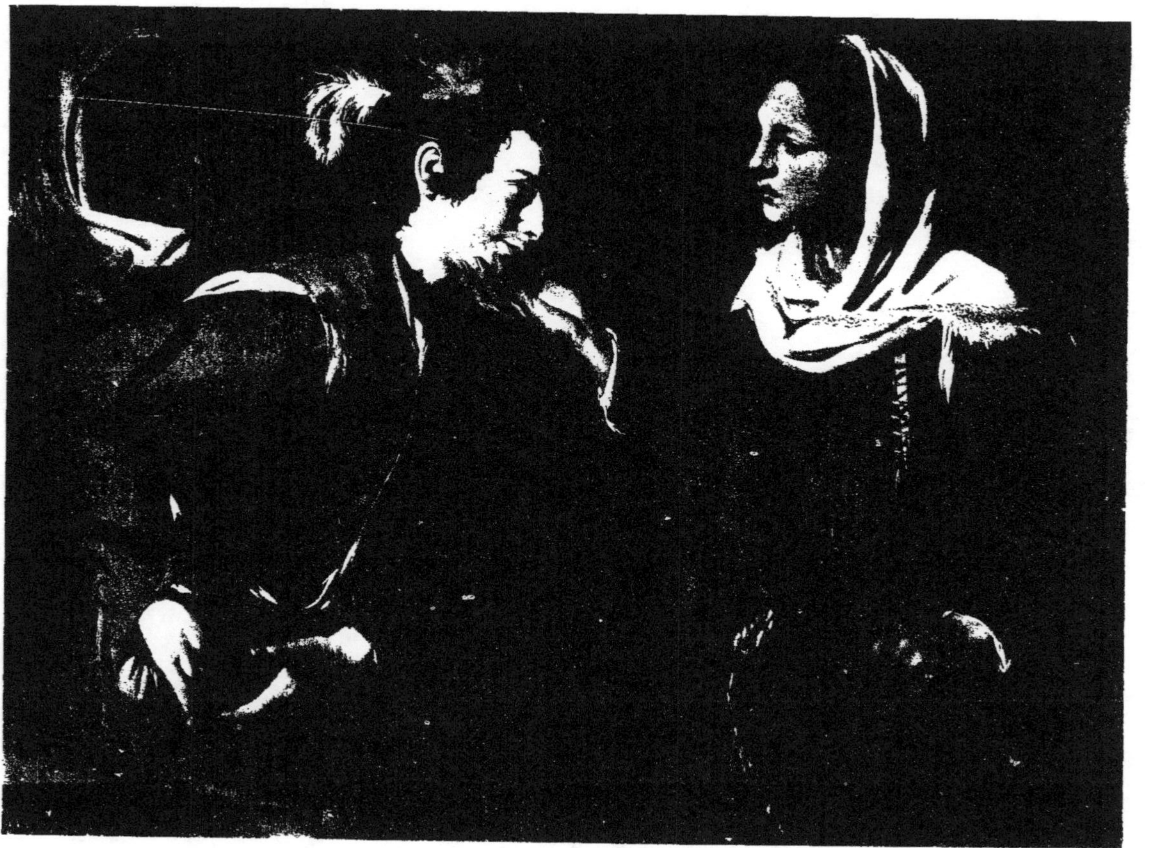

N° 50

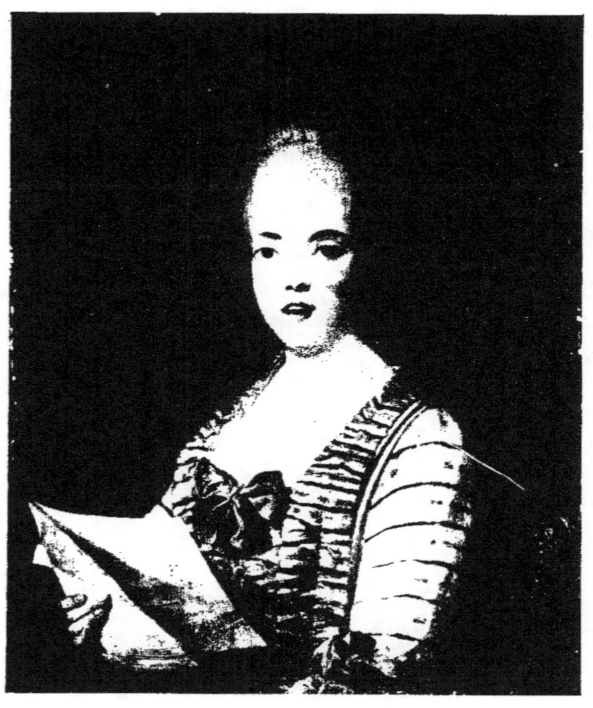

N° 42

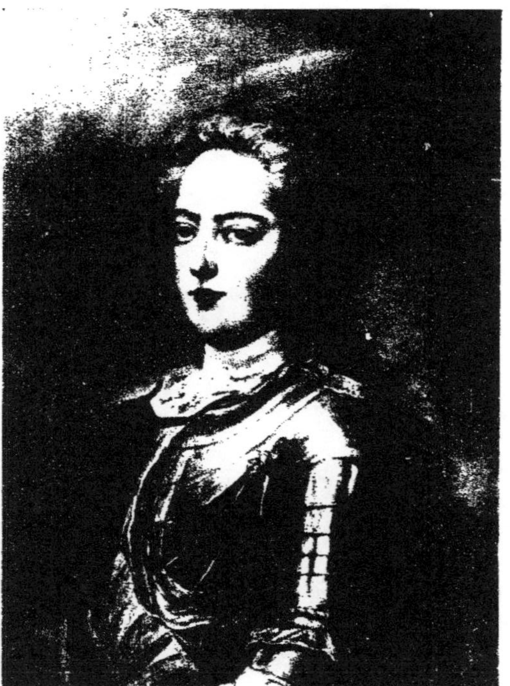

N° 44

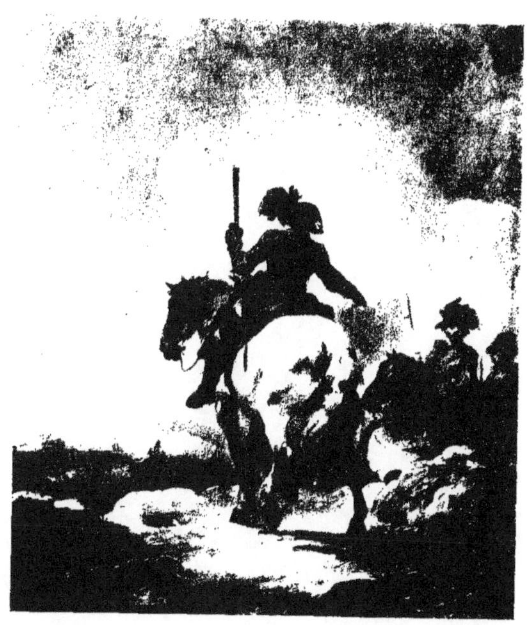

N° 54

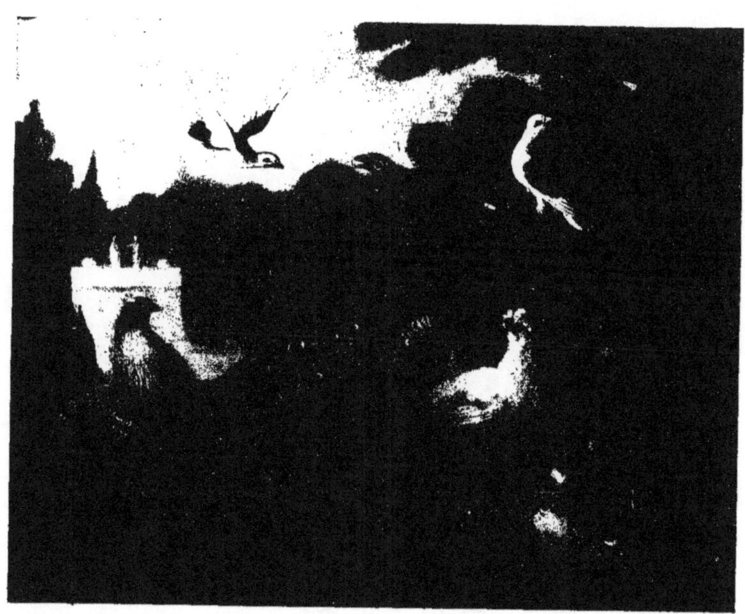

N° 28

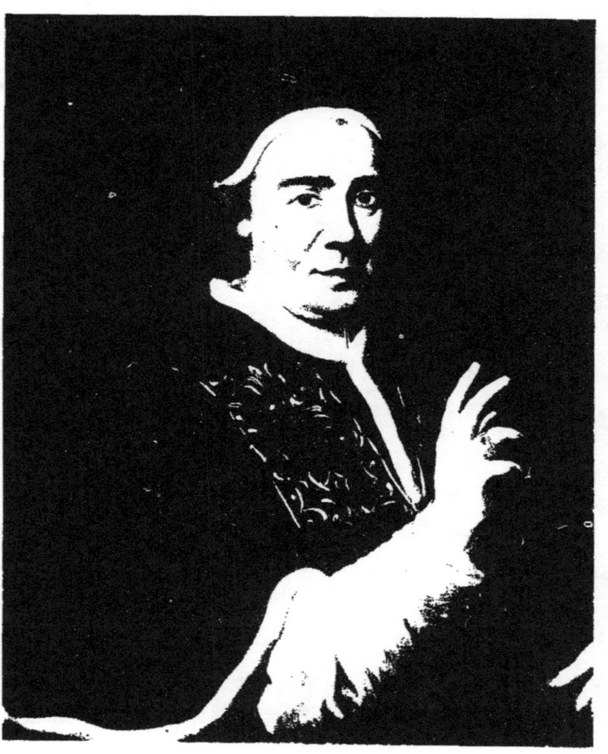

N° 53

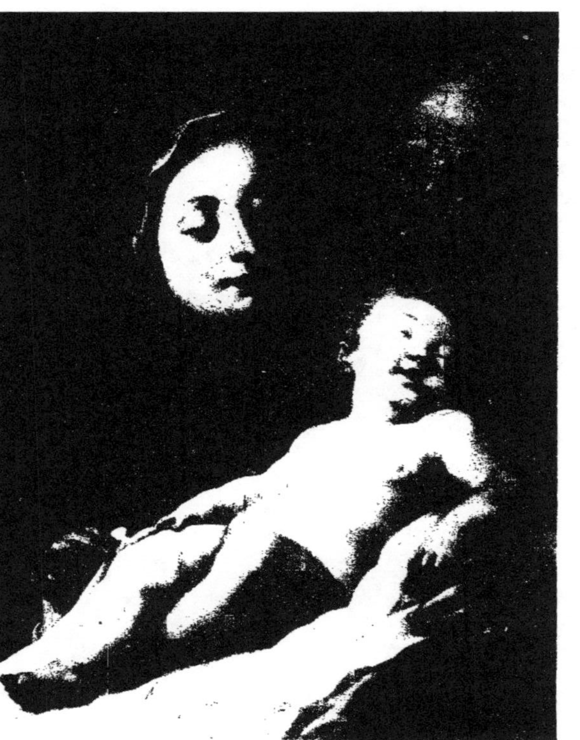

N° 57

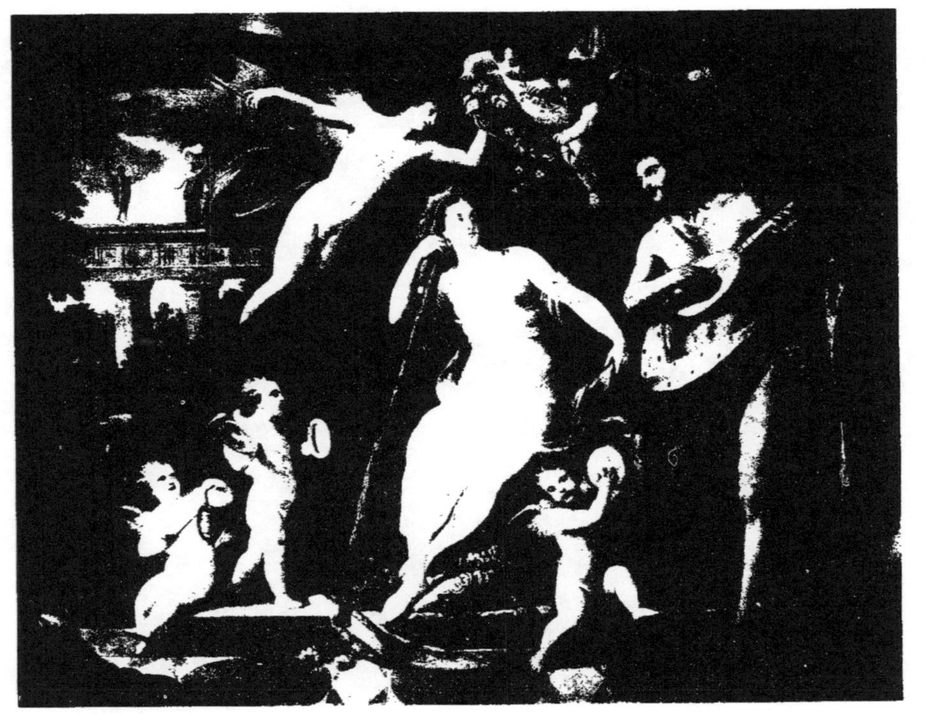

N° 41

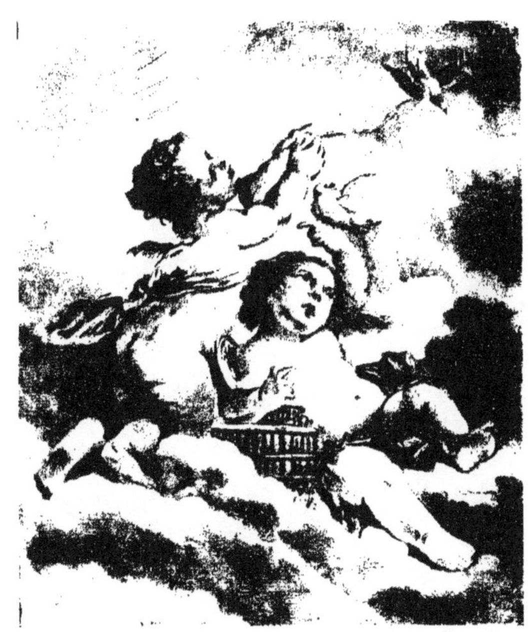

N° 43

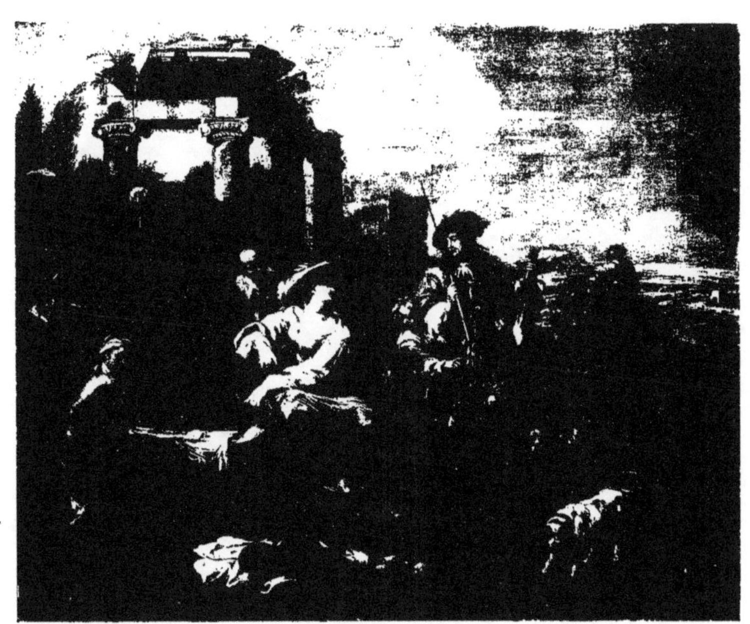

N° 26

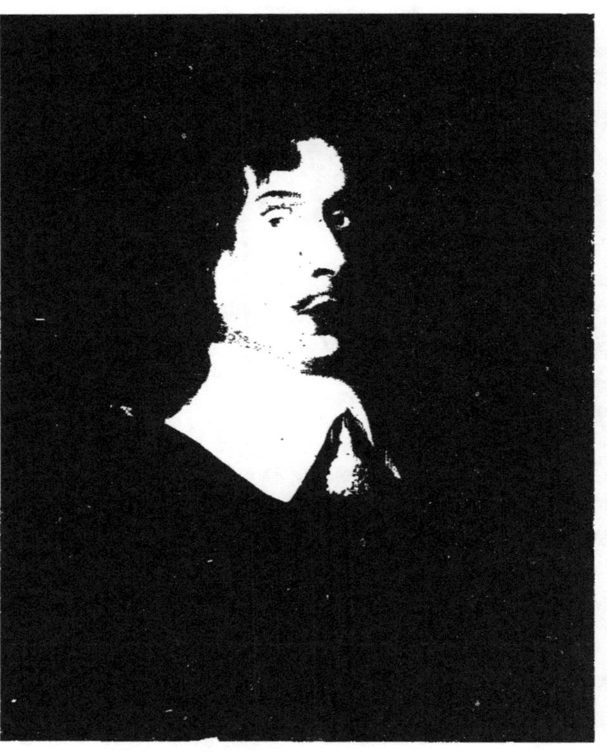

N° 52

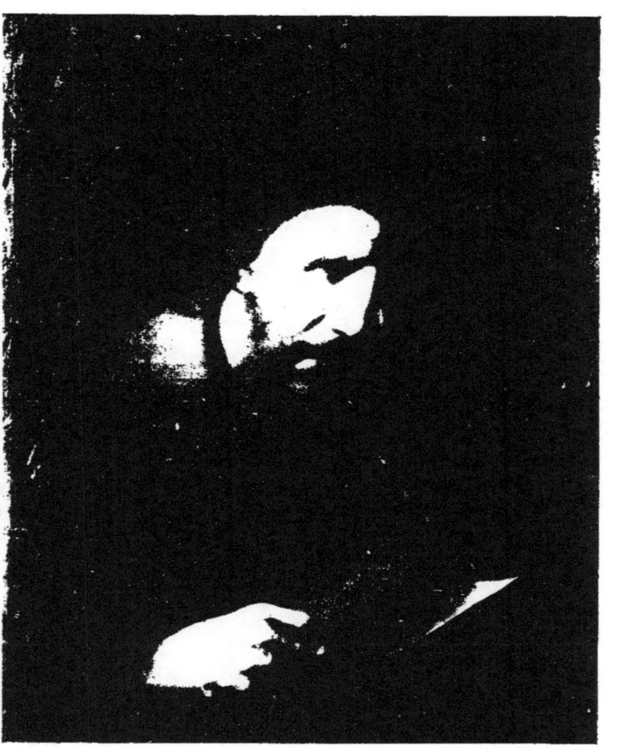

N° 51

www.ingramcontent.com/pod-product-compliance
Lightning Source LLC
LaVergne TN
LVHW010006230826
846092LV00002B/671